JUGEMENT

RENDU

PAR MM. LES DÉPUTÉS

DU ROYAUME DE FRANCE,

Le 28 février 1822 :

RÊVE D'UN ÉCRIVAIN;

PAR M. SAINT-EDME,

Auteur de la *Vie impartiale de Napoléon*, etc.

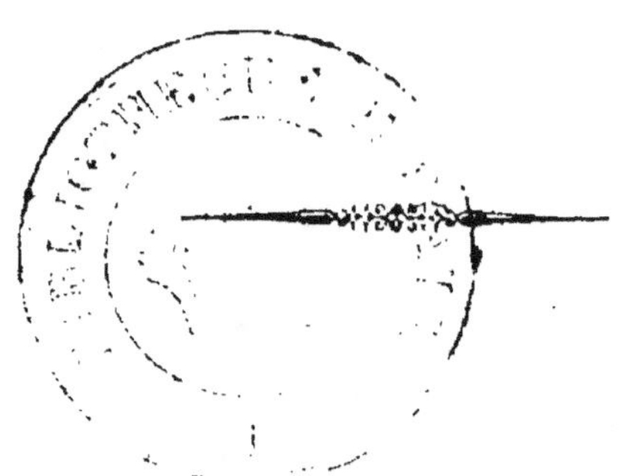

A PARIS,

Chez l'ÉDITEUR, rue Cassette, n° 20 ;

Et à la *Librairie Nationale*, au Palais-Royal,
galerie de bois, n° 235.

1822.

JUGEMENT

RENDU

PAR MM. LES DÉPUTÉS

DU ROYAUME DE FRANCE,

Le 28 février 1822 :

RÊVE D'UN ÉCRIVAIN.

DEPUIS 1814 tous les esprits sont portés vers la politique. Dans les sociétés, dans les familles, l'opinion exerce toutes ses rigueurs ; froids et réservés avec les neutres, nous évitons ceux qui tiennent aux principes que nous ne professons pas, en supposant toutefois que les principes ne soient pas, chez un grand nombre, autre chose qu'un sentiment de convenance particulière ou d'intérêt personnel.

Parmi les hommes qui se prononcent avec le plus d'emportement, j'en sais qui se rendraient difficilement compte de la valeur de certains

(4)

mots. Il est donc nécessaire que j'explique comment je conçois celui-ci : *Principes*.

Selon moi, l'État doit être gouverné par un seul; mais attendu que la somme de nos lumières s'est agrandie par des révolutions successives, et spécialement par celle de 1789; que les Français ne sont plus soumis à des distinctions avilissantes, comme autrefois, et que leurs idées sur la forme des gouvernemens ont pris un essor digne de leur réputation dans les armes et dans tous les arts, je crois indispensable qu'ils soient indistinctement admis à la connaissance des affaires et au concours de la formation des lois, auxquelles, alors, ils ne peuvent plus refuser de se soumettre. Ainsi, une monarchie tempérée, c'est-à-dire un monarque avec une portion du peuple choisie par lui-même, voilà ce qui constitue le principe relatif au mode de gouvernement.

La jouissance pleine et entière de nos grandes libertés, individuelle, de conscience, de la presse, est encore un principe qui, rendu éventuel, peut mettre en doute la sécurité du gouvernement et le bonheur de la nation.

La stabilité des institutions est un principe, autant que la responsabilité des hauts agens du pouvoir.

Tels sont les principes majeurs. L'autorité qui les dédaignerait, quand le peuple en a joui, porterait atteinte à la puissance du chef de l'État.

Il paraît moins étonnant qu'on s'entende peu sur un sujet qui prête tant à la controverse de tous les partis, de ceux-là même qui en font la base unique de leur système, quand les hommes choisis par le peuple le traitent si diversement à la tribune de la Chambre des Députés.

La tribune répand ensuite ses incertitudes dans l'esprit des lecteurs de journaux, et tout le monde les lit; et de là viennent ces divi-ions intérieures qui ajoutent au trouble causé par les mesures extraordinaires que n'ont cessé de réclamer les différens ministères, de puis l'ordonnance du 5 septembre.

La politique des gouvernemens ayant amené, pendant un tiers de siècle, les Etats-généraux, une Convention, un Directoire, un Consulat, un Empire, une Royauté constitutionnelle, qui ont, tour à tour, changé nos habitudes, modifié nos mœurs, détruit ou fait naître nos espérances et nos craintes, soit pour nos libertés, soit pour nos fortunes, soit pour notre tranquillité enfin, nous avons tous pris part, d'une manière plus ou moins directe, aux événemens qui se passaient sous nos yeux. Il en est résulté que chacun a cru devoir connaître des affaires publiques, et en discourir d'après ses passions et ses intérêts.

Les uns regrettent un temps passé ; les autres tremblent du présent : il n'y a que les aveugles qui applaudissent à l'avenir. Entendez raisonner non loin du Marais, à la Chaussée-d'Antin, au faubourg St.-Germain, vous apprendrez que ce que j'avance est exact. Il n'y a donc point d'union. C'est en frémissant que je l'avoue : toutes les têtes me semblent renfermer le germe du tumulte, de la confusion, de la désorganisation.

Eloigné de quelques-uns de mes parens pour des motifs de politique ; ému des cris de désespoir ou de joie que j'entends pousser dans les différens cercles où je me trouve souvent ; prévoyant par suite de cet esprit observateur qui invite aux rapprochemens ; livré à des études sérieuses dont le goût s'est développé en moi à l'époque de nos dissensions civiles, il m'était presque impossible de ne point m'occuper de la loi nouvelle sur la presse. Hier, en rentrant chez moi, je parcourus toutes les feuilles qui contiennent le rapport des séances de la Chambre. Cette lecture captiva toute mon attention. Mes réflexions furent nombreuses et rapides, mais cent fois plus affligeantes que je ne puis dire. Je me couchai, et après plus de deux heures d'attente le sommeil vint enfin fermer mes paupières.

Réveillé de grand matin, au milieu d'une agitation extrême, ma première pensée fut que ma santé se trouvait compromise. Je me rassurai bientôt : un rêve avait troublé mes sens.

Le voici ; je n'y changerai rien.

On introduisit dans mon cabinet un homme qui se dit être huissier de la Chambre des Députés, et porteur d'une lettre à mon adresse. Il me la remit, exigea un reçu, et partit.

Curieux de savoir ce qui pouvait me rendre digne de l'honneur d'un tel message, je me hâtai d'ouvrir la missive, et je lus :

« Au nom de M. Ravez, président de la
» Chambre des Députés de France, Paris, le
» lundi, 25 février 1822, heure de midi, je
» vous invite, Monsieur, à vouloir bien vous
» rendre jeudi prochain, 28 du courant, quatre
» heures de relevée, à la barre de la Chambre,
» à l'effet de répondre aux chefs d'une accusa-
» tion portée contre vous par un membre de
» l'assemblée.

» J'ai l'ordre de vous prévenir que vous ne
» pouvez faire défaut sans vous compromettre
» étrangement.

» Veuillez bien préparer votre défense.

» A. MARTIN. »

Mon inquiétude ne peut se décrire. Qu'ai-je
dit, qu'ai-je fait qui puisse déplaire à un député?... Je me suis plaint de plusieurs d'entre eux;
je n'ai point caché qu'ils nous plaçaient sur les
bords d'un précipice affreux ; que leurs mesures exceptionnelles et l'arbitraire qu'ils con-
fient à leur propre sagesse, n'étaient point de
nature à calmer les esprits, à faire taire les
haînes, à donner des partisans au roi ; mais
tout cela, mes amis seuls l'ont entendu ; et
quand bien même, infidèles à l'amitié, ils se
seraient rendus mes dénonciateurs, ce qui n'est
pas probable, messieurs les députés ne sauraient
y trouver un motif d'accusation contre moi : ne
puis-je pas nier ?... Je n'ai rien écrit sur les
discussions de la Chambre, et je n'ai pu, en
conséquence, attaquer aucun de ces Messieurs,
ni dans son opinion, ni dans son orgueil.... Je
n'ai rien à redouter... Que ferai-je cependant?

J'allai consulter un avocat célèbre. D'abord
il rit beaucoup. Sa gaîté ne me mettait pas fort
à mon aise. Ensuite il me donna le conseil de

ne pas me présenter. Que vous fera-t-on, me dit-il ? On ne peut pas vous condamner sans vous entendre ; d'ailleurs il y a des formes protectrices dans toute espèce de procédure, dont les Députés ne peuvent se départir sans blesser le droit des gens. Au surplus, faites-moi appeler, et je me charge de vous sortir de là.

Je rentrai chez moi plus tranquille.

Le jour fatal arrivé, je suivis le conseil de mon avocat, et j'oubliai la Chambre.

A quatre heures et demie, je venais de me mettre à table, lorsqu'on m'annonça une visite. J'allai la recevoir : c'était encore un de messieurs les huissiers. Il me dit :

« Monsieur, Son Excellence le président » de la Chambre, M. Ravez, m'envoie vous » prévenir que, si vous ne venez pas vous » défendre, on prendra votre absence pour un » aveu de vos torts, et que messieurs les Députés se verront alors contraints de vous condamner.

» Je suis venu dans une voiture de la Chambre ; si vous voulez m'en croire, vous profiterez » de l'occasion. »

Stupéfait, et ne sachant à quel parti me fixer, pressé par l'huissier, je me décidai. *Per-*

mettez moi, Monsieur, d'écrire un mot à mon avocat, lui dis-je, *et je vous suivrai.*

« Cela n'est pas nécessaire, reprit-il ; arrivé
» là, vous aurez tout le temps de l'envoyer
» chercher. »

Je m'habillai et prévins ma femme qu'une affaire imprévue m'appelait dehors, que je ne dinerais point à la maison.

Chemin faisant, mon huissier me félicita d'être appelé ce jour-là, mon jugement étant le seul qui dût occuper la Chambre. Demain, dit-il, vous auriez fait le treizième. Le dialogue suivant s'établit entre nous.

MOI.

Treize ?

L'HUISSIER.

Oui, Monsieur.

MOI.

Et de quoi sont-ils accusés ?

L'HUISSIER.

Je l'ignore, Monsieur. Ils ont peut-être dit du bien de Bonaparte !

MOI.

Oh ! je devine à présent.

L'HUISSIER.

Est-ce que vous auriez écrit du bien de Bonaparte?

MOI.

Précisément : je publie sa vie.

L'HUISSIER.

Ah ! Monsieur, je crains que vous ne soyez
condamné : comment y résisteriez-vous plus
que le côté gauche ?

MOI.

Mais, Monsieur, le côté gauche ne pense pas
à Napoléon ?

L'HUISSIER.

Je vous demande pardon ; tout le côté droit
l'affirme, et les ministres paraissent n'en pas
douter. Je suis bien fâché, Monsieur, qu'on
m'ait ordonné d'aller vous chercher !.....

MOI.

Nous sommes tous deux dans l'erreur. D'après
la loi, la Chambre ne peut mander à sa barre
que les écrivains journalistes et autres, qui,
dans leurs écrits, se sont permis sur ses membres des réflexions indiscrètes.

L'HUISSIER.

Vous avez donc écrit contre messieurs les Députés du côté droit? car, j'ai peut-être tort de le croire, mais il me semble que si vous aviez attaqué le côté gauche, personne ne se serait plaint.

Êtes-vous entré quelquefois dans la Chambre?

MOI.

Une fois ou deux.

L'HUISSIER.

Vous rappelez-vous où étaient placés jadis tous les journalistes... là... des deux côtés de la tribune?

MOI.

Eh bien !

L'HUISSIER.

. A cette place, on a disposé des banquettes pour les accusés.

La voiture entre dans la cour du *Tribunal spécial*; mon conducteur me fait attendre un moment sous une espèce de vestibule, et je suis introduit.

Tous les Députés se trouvaient à leur poste,

couverts , et quatre gendarmes gardaient cha-
cune des portes latérales.

On me fit prendre place sur l'une des banquettes en question.

Après quelques instans de silence , remplis
par les préparatifs du président et des secrétaires , mon interrogatoire a lieu.

LE PRÉSIDENT.

Levez-vous , Monsieur. Quels sont vos nom ,
prénoms , qualité , âge , demeure ?

MOI.

(Je satisfais au désir du président.)

LE PRÉSIDENT.

Vous reconnaissez-vous pour être l'auteur de
la cinquième partie d'une *Vie impartiale de
Napoléon* , faisant le commencement du
deuxième volume de cet ouvrage , publié à la
Librairie Nationale , Galeries de Bois , au Palais-Royal ?

Huissier, communiquez cet écrit au prévenu.

*J'y jette un coup-d'œil , et le rends à l'huis-
sier.*

LE PRÉSIDENT.

Vous reconnaissez-vous pour en être l'auteur?

MOI.

Oui, Monsieur.

LE PRÉSIDENT.

Dites Monsieur le *président*. (*On rit à gau-che.*) Veuillez monter au bureau des secrétai-res, à l'effet de parapher cet exemplaire.

(*Je retourne à ma banquette.*)

LE PRÉSIDENT.

Un des secrétaires va faire lecture de l'acte d'accusation.

MOI.

Monsieur le *président*, je vous prie d'avoir la bonté de m'accorder la permission de vous faire une demande.

LE PRÉSIDENT.

La Cour des Députés vous le permet. (*Le Président n'a point consulté la Chambre.*)

MOI.

Monsieur le président, et vous Messieurs les Députés de France , dans les tribunaux ordi-naires , lorsqu'un prévenu déclare n'avoir point

de défenseur, la Cour lui eu nomme un d'office.
Ayant donné, moi, ma confiance à un avocat
estimé, je prie la Chambre.....

LE PRÉSIDENT.

Dites la *Cour*.

MOI.

Je prie la *Cour* de daigner suspendre sa
séance jusqu'à l'arrivée du défenseur dont j'ai
fait choix, et qui, sur l'avis que je vais lui envoyer, se hâtera de se rendre à la *Chambre*...
à la *Cour*.

LE PRÉSIDENT.

La Cour ne peut faire droit à votre réclamation :
1°. Parce qu'il est trop tard.

MOI.

Mais, Monsieur.....

LE PRÉSIDENT.

Vous ne devez point m'interrompre.
2°. Parce que, en général, d'une question
claire et facile à résoudre, les avocats finissent
toujours par en faire une amplification lourde
et ridicule qui nuit à l'esprit des juges.

3°. Parce que la loi dernière est précise et ne peut laisser matière à aucun doute, à aucune erreur.

MOI.

Mais, monsieur le *président*.....

LE PRÉSIDENT.

Un prévenu doit se taire quand on ne l'interroge point.

(*On murmure à gauche ; on rit à droite.*)

MOI.

Je vous prie, monsieur le *président*, de daigner me permettre une explication.

LE PRÉSIDENT.

Vous vous expliquerez après la lecture de l'acte d'accusation.

MOI.

L'explication dans laquelle je désire entrer exige, dans l'intérêt de la justice, qu'elle ait lieu avant tout.

(*Le Président avec un mouvement d'impatience.*)

Allons, parlez.

MOI.

J'avais pensé pouvoir ne pas me présenter

aujourd'hui ; et forcé, comme je l'ai été, d'agir contre ma volonté, je croyais que le secours de mon avocat ne me serait point refusé. J'ai donc négligé de préparer ma défense. Je demande que la *Cour* renvoie ma cause à après-demain samedi.

VOIX A GAUCHE.

C'est juste.

Plusieurs voix à droite , ensemble et avec vivacité :

C'est inutile , la loi est là. On n'en finirait pas !

LE PRÉSIDENT.

Votre demande est rejetée.

(*Violens murmures à gauche.*)

VOIX A DROITE.

Monsieur le président, rappelez les interrupteurs à l'ordre.

(M. MANUEL *et quinze ou vingt Députés du côté gauche.*)

Monsieur le président, je demande la parole.

LE PRÉSIDENT.

Sur quoi ?

M. CHAUVELIN.

Sur la réclamation du prévenu.

LE PRÉSIDENT.

La Cour a décidé : je vous la refuse.

M. BENJAMIN CONSTANT.

C'est affreux !

LE GÉNÉRAL FOY.

Je l'avais dit !

LE PRÉSIDENT.

La Cour, en rejetant votre demande, use d'un droit que la loi lui donne......

LE GÉNÉRAL DEMARÇAY.

Oui, la loi qu'elle a faite.

LE CÔTÉ DROIT.

A l'ordre ! à l'ordre !

LE PRÉSIDENT.

Ne redoutez rien cependant. La Cour sera juste, et si vous avez besoin d'être aidé dans

(19)

votre défense , vous trouverez ici toute l'assistance possible.

TOUT LE CÔTÉ GAUCHE.

Oui, oui, sûrement.

LE GÉNÉRAL LAFAYETTE.

Mais vainement.

TOUT LE CÔTÉ DROIT.

Taisez-vous donc, messieurs.

LE PRÉSIDENT *à un des Secrétaires.*

Faites lecture de l'acte d'accusation.

Un Secrétaire lit.

« Le samedi, 23 février, l'an de grâce 1822, et le 27e du règne de S. M. Louis-le-Désiré, S. E. monseigneur le garde des sceaux ayant fait connaître à S. E. monsieur le président de la Cour des Députés qu'il venait d'être publié à la *Librairie Nationale* une cinquième partie faisant la première du second volume de la *Vie impartiale de Napoléon*, par M. Saint-Edme ; que cet écrit renfermait des passages à incriminer, S. E. M. le président de la Cour a chargé M. de Pardessus, député du côté droit, d'examiner le livre en question. Et en effet, après l'avoir lu et médité avec soin, le très-honorable membre a cru devoir indiquer à la très-respectable Cour les deux passages suivans :

Page.......

« Ah! si jamais je me trouvais revêtu du noble
» caractère de représentant de la nation, je
» serais de l'opposition, si l'opposition était
» raisonnable; je jure d'avance que toutes les
» baïonnettes du pouvoir ne me feraient point
» dévier de mes principes, ni abandonner le
» poste, le seul poste de l'honneur!..... »

Et page......, note première.

« ....Le gouvernement, composé d'hommes,
» peut errer; mais persister dans son erreur,
» sous prétexte qu'il ne doit jamais reculer,
» c'est un aveuglement déplorable... »

« On voit, par le premier passage, que l'auteur a voulu engager les députés du côté gauche à persister dans l'opposition qu'ils ne cessent de manifester à la marche légale et paternelle du gouvernement.

» Et par le second passage, qu'ayant mal interprété et mal jugé la conduite de la majorité, il a eu l'intention de l'accuser d'erreur et d'appeler sur elle l'animadversion publique.

» En conséquence, le noble rapporteur

conclut à ce que le susdit sieur Saint-Edme soit décrété d'accusation, cité à la barre, afin de se voir condamné, conformément aux articles 8 et 15 de la loi du 10 février courant.

Fait au Palais de la Cour des Députés, les jour, mois et an que dessus.

Signé DE PARDESSUS.

LE PRÉSIDENT.

Eu égard aux dispositions de l'article 15 précité, j'ai mandé à la barre le sieur Saint Edme, ici présent.

Le rapport est-il appuyé ?

TOUT LE CÔTÉ DROIT SE LÈVE.

Oui, oui.

VOIX DU CÔTÉ GAUCHE.

C'est le comble du ridicule.

CONFUSION DE VOIX A DROITE.

A l'ordre ! à l'ordre !

LE PRÉSIDENT.

J'invite l'honorable M. de Pardessus à monter à la tribune pour soutenir l'accusation.

Prévenu, qu'avez-vous à dire pour votre justification ?

MOI.

Je suis tellement surpris de l'innocence avec laquelle on a voulu comprendre quelques lignes de mon livre.....

M. LAISNÉ DE VILLÉVÊQUE , *avec l'air de la colère.*

Soyez plus révérencieux envers un Membre de la Cour.

LE GÉNÉRAL FOY.

Ne gênez donc pas le prévenu dans sa défense.

MOI.

Le premier passage incriminé est une observation née de la conduite des Représentans du peuple au Conseil des Cinq-Cents, le 18 brumaire, lorsque l'Empereur.....

LE PRÉSIDENT.

Dites Bonaparte.

MOI.

Lorsque Napoléon.....

LE PRÉSIDENT.

Je vous ai dit de vous servir du nom propre de Bonaparte.

(23)

M. DUDON, se démenant.

Ne souffrez pas que le démagogue se serve de son expression favorite.

M. DE CORCELLES.

Je demande la parole.

LE PRÉSIDENT.

On ne doit pas interrompre la défense du prévenu.

M. DE CORCELLES.

Je la demande dans l'intérêt du prévenu.

(*M. de Corcelles est à la tribune.*)

LE CÔTÉ DROIT avec fureur.

Vous n'avez point la parole.

LE CÔTÉ GAUCHE.

C'est épouvantable ! c'est indigne !

(*Le président agite sa sonnette, accorde la parole à M. de Pardessus, et le calme renaît*)

M. DE PARDESSUS.

Messieurs, il est six heures et demie, je propose le renvoi de la séance à demain.

LA DROITE.

Non, non.....

LA GAUCHE.

Appuyé, appuyé.

M. PIET, *à la tribune.*

Messieurs, vous ne pouvez renvoyer cette affaire à demain, votre prochaine séance devant être entièrement employée à des causes non moins importantes que celle qui vous occupe. Je pense donc qu'étant suffisamment instruits du procès pendant en ce moment à la Cour, puisque vous avez entendu les motifs puissans de l'accusateur; et attendu que le prévenu ne peut faire que ce qu'il a publié ne le soit pas, et, conséquemment, se justifier de l'accusation, je pense, dis-je, qu'on peut sans inconvénient aller aux voix.

LE CÔTÉ DROIT.

Aux voix ! aux voix !

LE CÔTÉ GAUCHE.

Vous ne le pouvez pas : il faut que le prévenu se défende.

LE CÔTÉ DROIT.

Aux voix! aux voix!

Tous les députés du côté gauche courent à la tribune. Les cris du côté droit sont d'une violence extrême. Le président agite en vain sa sonnette, refuse aux membres du côté gauche la parole qu'ils réclament tous, et prononce, d'une voix qui retentit encore à mes oreilles, que la discussion est fermée. Les députés du côté gauche évacuent la salle. Des bravos répétés se font entendre à droite.

LE PRÉSIDENT.

Je propose à la Cour de prononcer le jugement suivant :

« Attendu que dans la cinquième partie d'un ouvrage ayant pour titre : *Vie impartiale de Napoléon*, le sieur Saint-Edme a manqué à la dignité de la Chambre , en blessant le caractère des députés de France pendant l'exercice de leurs fonctions;

La Cour, jugeant en premier et dernier ressort , vu l'indignité de la susdite publication, condamne , en conformité des articles précités 8 et 15 de la loi du 10 février, le sieur Saint-Edme à trois ans d'emprisonnement et à une amende de 6000 francs.

LES MEMBRES RESTÉS.

Appuyé! appuyé !

LE PRÉSIDENT.

Prévenu, vous venez d'entendre le jugement prononcé contre vous : il vous sera notifié demain par un des huissiers de la Cour. Rappelez-vous que tous les pouvoirs qui composent le gouvernement ne veulent point souffrir que les écrivains oublient ce qu'ils leur doivent d'égards, de respect et d'obéissance.

Je suppose que c'est dans le premier moment d'indignation que mon réveil s'est opéré.

En livrant ce rêve fugitif au public, mon intention a été de remplir un de mes devoirs de citoyen, en prouvant à nos législateurs que la loi qui les rend juges dans leurs propres causes, doit nécessairement agir sur l'esprit des gouvernés.

FIN.

Imprimerie de P. GUEFFIER, rue Guénégaud, n° 31.